ELIGE UNA

Reflexiones día a día

2ª Edición, Mayo 2017

www.robertomontes.es
info@robertomontes.es
Facebook: Roberto Montes Life-Coach

Roberto Montes 2015
Impreso en España
Depósito legal: MU2015
ISBN: 978-84-948432-5-9
Editorial Pequeños Corazones – Libros Solidarios
Diseño gráfico y portada: Roberto Montes
Edición de textos: Roberto Montes

Agradecimientos.

Este libro podría estar dedicado a muchas personas que
conozco, pero no va a ser así, quiero hacer una mención
especial a las miles de seguidoras y seguidores que tengo
repartidos por todo el mundo.
Son personas anónimas que a diario me escriben post,
interactúan en redes sociales y me manda mensajes
estremecedores animándome a continuar escribiendo mis
reflexiones diarias con esas imágenes que les acompañan,
que son compartidas y vistas por millones de personas.
En especial al Sr. Homero Palomo del Grupo Palomo, que
me ha abierto las puertas en México y otros países de
Latinoamérica.
Y para terminar, mencionar a tantas y tantas personas que ya
nos conocemos de forma virtual y en persona, que son parte
de mi fuente de inspiración y agradecimiento.

A todos, gracias

Índice.

Introducción.

Cuando la vida te da un revés, jamás puedes imaginar lo que
se puede aprender de ello.
En unos momentos de desesperación, impotencia y dolor, mi
mente y mi corazón se pusieron en línea para hacerme sentir
una cantidad inmensa de emociones de todo tipo, esas
emociones se transcribían en pensamientos y palabras, a
todas horas me brotaban y empecé a reflejarlas en papel.
Con el paso del tiempo he ido evolucionando y muchas de
ellas hoy en día no las siento como tal, estaban llenas de
rabia, dolor, frustración, rencor y sed de no se sabe qué.
Hoy ya no comulgo con ellas, pues mi forma de ver la vida
ha cambiado de forma radical y todo lo que quiero
transmitir en este libro, es la esencia que ha quedado.
Quizás con el tiempo algunas de ellas también se vuelvan
osoletas, pues la evolución forma parte de la vida.
Todo lo aquí reflejado es mi forma de pensar y no tiene
porqué ser la tuya, te respeto y tú sabrás cómo darle forma a
cada una de ellas.

Este libro no es para leerlo, sino para integrarlo, sentirlo y
vivirlo.

Para ello te pido que la sección de elige una, no lo leas, abre
cada día una de las páginas y elige una de las reflexiones,
intégrala durante todo el día, cuando llegue la noche, en la
hoja posterior puedes escribir su propia reflexión sobre ella,
así sucesivamente hasta que las tengas todas. Quizás tardes
más tiempo de lo previsto en terminar el libro, pero es la

mejor manera de poder comprender cada una de estas reflexiones y poder experimentar un cambio de visión de tu propia vida y la de los demás.

Te invito a que me mandes tu opinión sobre los resultados que vayas obteniendo.

Puedes publicar tu foto con el libro y un post sobre tu vivencia.

Puedes enviar un email a: info@robertomontes.es

o utilizar mi perfil de Facebook: Roberto Montes Life Coach.

Gracias de antemano.

ELIGE UNA

Las personas pueden olvidar todo
lo que has hecho o dicho,
pero jamás lo que les hiciste sentir.

Toda persona tiene derecho a ser feliz
viviendo su vida y sus sueños.
Pero si se duerme en sus sueños,
perderá las cosas y personas que le
pueden hacer feliz despierta.

Si eres una persona honesta, leal y sincera,
y ello te ha hecho vulnerable,
que ello no te impida seguir siendo
lo eres.

En la vida no hagas cosas para
que se note tu presencia.
Haz cosas para que se note
tu ausencia.

NO PIENSES
Déjate llevar por el corazón,
él te guiará por el camino que buscas

Tratar de convencer a una persona,
es faltar el respeto a su libertad
de actuar, pensar y sentir.

Lo mejor que se puede hacer
Por tu pareja, es demostrarle tu
GRATITUD.

El verdadero amor, no se reduce
a lo físico ni a lo romántico.
El verdadero amor es la aceptación de todo
lo que el otro es, de lo que ha sido,
de lo que será y de lo que nunca podrá ser.

Comenzar de nuevo, es volver a
Ilusionarte, soñar y vivir.
Es caminar en busca de tu
FELICIDAD.

NO LO BUSQUES.
Nunca encontrarás el amor de tu vida.
El amor ni se busca ni se encuentra.
El amor se construye.

La fuerza de voluntad, es el arma
más poderosa que tiene una persona
para ganar todas sus batallas.

Cuanto más te alejes del miedo a perder,
más te acercas a la opción de ganar.

No pierdas la vida en un momento
y vive el momento de tu vida.

Pedir perdón no es fácil,
pero la recompensa de ser perdonado
o de perdonarte, es más reconfortable
que el esfuerzo de tener que pedirlo.

Una buena relación es…
aceptar el pasado,
apoyar el presente
y motivar el futuro.

Vive como sientes, y si no sientes
como vives, cambia de vida.

Desnudarse en una relación no es lo
mismo que desnudarse para tener relaciones.
Desnudar el alma en pareja es dejar entrar
en tu espíritu, en tus miedos, sueños
pensamientos y en tu corazón.

La vida me dijo que esperara,
y la muerte me enseño, que si quieres
algo en la vida, vayas a por ello.

En el amor, lo importante no es
Lo que esperas recibir, sino lo
qué esperas dar.

No me lo dices para no hacerme daño,
y lo que me hace daño,
es que no me lo digas.

Si tienen que pensar en alguien,
PIENSA EN TI.
Si tienes que hablar por alguien,
HABLA POR TI.
Si tienes que creer en alguien,
CREE EN TI.
Si tienes que confiar en alguien,
CONFIA EN TI.
Si tienes que amar a alguien,
AMATE A TI.

Si tus sueños dependen de otra persona,
pueden convertirse en una pesadilla.

Lo que no me gusta de ti,
intento cambiarlo en mi.

Si gastas el tiempo en pensar en tus problemas,
no te quedará para pensar en las soluciones.

*No malgastes tu tiempo pensando en los problemas que te rodean,
utilízalo en buscar las soluciones para ellos.*
Valora y respeta a las personas en todos sus estados.

La aceptación y la comprensión, es un valor que nos
hace más humanos.

La paciencia y la gratitud, harán de tu
vida una recompensa.

Cuando crees que todo está perdido,
aparece una señal y resurges de nuevo.

La fuerza del ser humano, son incalculables, si quieres, puedes.

Amar también es:
Ver en la otra persona, lo que otros
no son capaces ni de intuir.

*Cuando conectas, empatizas y amas a una persona,
el más allá, está más allá...*

la causa de tu presente, es tu pasado.
La causa de tu futuro, es tu presente.
Para volver a tenerlo todo,
tienes que aprender a vivir sin nada.

Algunas veces, no sé si me paso
o me quedo corto.
Lo que sí sé es que estoy en
MOVIMIENTO.

Tu presente no será disfrutado,
si no aceptas tu pasado.
El tiempo está en tus manos.

Si no puedes con un problema,
TROCÉALO.

Conviértete en ese tipo de persona,
que a ti te gustaría conocer.

¿Cómo crees que te sentirías, si en vez
de hablar de tus problemas, hablas de tus alegrías?

Amar, es no exigir nada a la otra persona,
de esta manera las dos crecerán por sí mismas.
El amor, es dos personas enteras,
no la unión de dos mitades.

Todas las personas deberíamos estar
solas de vez en cuando.
En la soledad es cuando descubrimos nuestra fuerza interior.
Es donde encontramos la paz y la armonía
que hay dentro de uno mismo y no a partir de los demás.

Recuerda siempre, que tú también eres o fuiste
parte de una decisión.
Para que te amen, AMA,
para que te respeten, RESPETA,
para que te olviden, no hagas nada.

Quien te entrega su tiempo, nunca lo recuperará.
Te está entregando parte de su vida.

*Agradece de corazón a esa persona que te entrega su tiempo, es lo
más bello y valioso que te puede dar, jamás lo menosprecies porque
cualquier día puede elegir no seguir entregándose y es cuando te
quedará tiempo para pensar que ya no está a tu lado.*
No esperes nada de la vida ni de nadie
No pienses tanto, deja que la vida te sorprenda.

*A mí, me funciona y la vida me sorprende a diario.
Agradece todo lo que llegue a tu vida, porque todo es válido.*

Encuentra el lado positivo a todo lo que te rodea.
Tu vida será diferente.

Prefiero ser sincero aunque me perjudique,
a que me perjudique no haberlo sido.

No se trata de qué color es cada día,
Sino adaptarte positivamente al color de cada día.

*El camaleón, no espera que cambie su entorno,
es él quien busca su entorno y se adapta a él.*

Dentro de ti, siempre hay un sitio
donde todo es posible.

Lo peor que puede pasar, es que no salga bien,
y eso me enseñe a hacerlo mejor.

Lo primero que tienes que aceptar de una persona,
es su libertad.
Y sólo cuando la ames, lo podrás entender.

*Para amar a las personas, hay que entender su libertad. Cuando entendamos la libertad de las personas,
estaremos preparados para amarlas.*

Al principio todo es bonito,
para que no tenga un final,
convierte todos tus días en un principio.

Te amo pero soy libre.
Cuando las personas entendamos esto,
estaremos preparados para amar y ser amados.

Valora, comprende, acepta y ama la libertad de las personas.

No te conformes con quien te pinte
la vida de color rosa.
Compártela con quien te la haga vivir
Y te acepte con todos tus colores.

Si no vas a morir mi muerte,
no vivas mi vida.

Respeta la vida y las decisiones de las personas.
Vive tu vida y deja de vivir la de los demás.

No esperes un mundo mejor,
CONSTRÚYELO.

No esperes a que nadie haga algo por ti,
empieza haciendo algo tú por los demás.

No es cuestión de lo que haces,
Sino de cómo lo haces.

Podemos construir la nuestra vida de muchas maneras. Aunque lo
importante no es lo que vivamos en ella, sino de cómo lo vivamos.
Ama y respeta para que la vida te sonría, y si crees que la vida no
te sonríe, sonríele tú a ella.
El tiempo y la paciencia, es como la pareja feliz.
No esperes nada, todo llega solo.

A lo largo del camino, no siempre las piedras serán del
mismo tamaño. Habrá momentos difíciles de atravesar, pero
tenemos que recordar que algún trayecto del camino
encontraremos arena y será todo más fácil, lo importante es
seguir caminando.

Nuestros mejores sueños se viven despiertos.

No te duermas para soñar tu sueño, despierta para vivirlo.

Un cocktail de pareja, es una combinación perfecta sólo
cuando sus ingredientes son aceptados, respetados y
agradecidos,
tan sólo así su sabor será eterno.

Qué importa cuánto camines, qué importa por donde
camines,
no importa lo fácil o difícil de camino.
Lo importante es lo que aprendes caminando.

Los resultados no sólo son de lo que haces,
también de lo que no haces.
Vivir es arriesgar, luchar por llegar.
Haz las cosas para ti y por ti,
no lo hagas esperando el beneplácito de los demás.
Complácete haciéndolas, esa es la mayor
satisfacción que puedes tener.

Cuantas veces nos mordemos la lengua por no destapar una
mentira. Realmente lo que tenemos que hacer es
destapar la causa de la mentira.

No sólo debemos cuidar lo que damos,
nuestro deber es agradecer y cuidar lo que nos dan.

Recuerda que tú eres lo más importante,
no dependas de nadie para acordarte siempre de ti.

Nunca dudes de echar un paso hacia atrás si esa decisión te
aporta las suficientes fuerzas para seguir avanzando.

Si quieres que alguien confíe en ti, no le mientas,
estás traicionando todas tus verdades.
El camino de la vida te enseña, que todo lo que te acompaña
es importante para tu crecimiento personal,
y aunque a veces no lo entiendas,
es lo mejor que te puede pasar.

Si en algún momento de la vida te encuentras en la
oscuridad, mira más allá, la luz de tus sueños
siempre te iluminarán el camino.

Lo que eres en la vida, es lo que la vida te devuelve.

Ante la tormenta, amar, es cuando sientes
que la otra persona eres tú.

Siempre estamos buscando fuera y
no apreciamos el tesoro que tenemos dentro.

Lucha por tus sueños sin olvidar que a veces sólo son
sueños.

Realmente aún no te has puesto delante de un espejo,
te has mirado y te has dicho, PUEDO.
¿A qué estás esperando?

Si de verdad quieres vivir con tranquilidad y no con
inquietudes,
si no quieres vivir en una constante desesperación,
no esperes nada, disfruta de lo que tienes, tu presente.
Ten fe en que algo va a venir, pero no lo esperes,
si llega será maravilloso y si no es así también.

No te faltes el respeto, no te humilles,
no te arrastres, no mendigues un sentimiento.

Hay imposibles muy posibles, tan sólo es cuestión de
intentarlo. Nuestro potencial es infinito, no lo menosprecies

Disfruta de lo que tienes hoy, no es ni peor ni mejor que lo
que has tenido o puedas tener, es lo que tienes y no es poco.

Cuando dejes de vivir el momento de los demás,
empezarás a vivir el tuyo..
Lucha por lo que tienes antes
de pelear por lo que pierdes.

La vida no es para comprenderla, es para vivirla.

*No intentes comprender la vida, limítate a vivir lo mejor que
puedas y acepta todo lo que te llegue, pues todo tiene su
significado.*

Si no puedo ser el lápiz que pinte tu felicidad,
seré la goma que borre tu tristeza.
Lo que tengo muy claro es que algo seré.

Si mientes para no hacerme daño,
estás decidiendo por mí.
Dame la verdad y yo decido que hacer con ella.

Un propósito en la vida, te pase lo que te pase, aunque te
hagan daño, aunque te encuentres en la soledad, aunque te
hayas cansado de todo, nunca dejes de ser tú.

Amar, no es depender, amar, no es permanecer,
amar es desear lo mejor para esa persona.

Si eres capaz de enamorar al amor,
eres capaz de enamorar a cualquiera.

Si hay que ver para creer,
¿por qué no te miras al espejo
y crees en ti?

*¿No crees que es el momento de creer en ti y descubrir que tú
puedes?*

Cuanto más tardes en decidirte,
menos tiempo tendrás para disfrutarlo.

El tiempo no espera a nadie, ¿Y tú, qué esperas?

Lloramos por amor, dolor, impotencia, rabia,
desesperación, empatía, sufrimiento…
Si tienes que llorar, hazlo, desahógate,
y luego seca tus lágrimas y sigue adelante.
La vida te espera.

Hasta las peores tormentas, no ayudan a enseñarnos como
protegernos de ellas y a entender los procesos de cambio en
nuestra vida. Nunca serás la misma persona.

Las letras y las palabras dicen mucho sobre el amor,
aunque mucho más, dicen los sentimientos.
Hazlos sentir.

Un minuto es suficiente para morir,
un minuto es suficiente para cambiar.

Si quieres un cambio...
¿Necesitas ese minuto?¿A qué esperas?

No culpes a la gota que rebosa el vaso,
Piensa en el tiempo que has esperado hasta que rebose.

No cierres los ojos a la vida,
siempre hay una persona que espera vida en tu mirada

Si dudas sobre el sentido de tu vida, mírate al espejo, observa tu mirada y apreciarás la vida que hay en ella..

Trabaja por una causa, no por un aplauso.
Vive tu vida expresando, no impresionando.

No todo en la vida, es necesario comprenderlo.
Libérate de esa necesidad y estarás presente en cada momento.

No es necesario cambiar o forzar las piezas del puzzle de tu vida. Cada una de ellas tiene su lugar y su momento.

Quien apueste por perderte, dejarle ganar es la mejor opción que tenemos. La vida es un juego, apuesta por ganar y no dependas del juego de los demás.

Cada minuto de enfado, pierdes sesenta segundos
de oportunidades de ser feliz.

*Pedir perdón o perdonar, te da mucho más de lo que imaginas.
Un enfado dura lo que tu mente tarde en hacerle caso al corazón.*

La vida está hecha de momentos especiales,
No dejes de crear los tuyos.

*Si quieres una vida especial, no dejes de crear todos los días
tus pequeños momentos especiales.*

Sigue el camino de tus sueños y llegarás a todas tus metas.

Nunca es tarde para empezar a ser esa persona
con la que te gustaría pasar el resto de tu vida.

Conviértete en esa persona que te gustaría elegir a ti.

Nadie permanece en tu vida más tiempo
del que necesario para enseñarte lo que necesitas saber.

No esperas nada que no dependa de ti.

Procura que todo lo que hagas y esperes de tu vida, solo dependa de ti.

Un NO, también es positivo. Quizás para ti no lo sea, pero sí para la persona que lo dice, ello no debe afectarte, acepta y respeta la libertad de decidir de las personas y serás fuerte.

Que ningún disfraz oculte tu verdadera personalidad. Nunca dejes de ser una persona auténtica, nunca dejes de ser tú.

Quien con poco es feliz, no necesitará mucho más de lo que tenga.

Libérate del peso de tus pensamientos negativos, no hay nada que esclavice más al ser humano.

El sobrepeso que llevamos en nuestra mente, afecta considerablemente a nuestro corazón.

Rompe con esas creencias limitantes, con los pensamientos
negativos, con esas malas ideas que rondan por tu cabeza,
con todo lo que no ilumina tu vida. Enciende la luz de tu
corazón y deja que él, ilumine tu vida.

¿Vives la vida que deseas vivir?
¿Crees que podrías hacer algo para mejorarla?
¿El camino que estás recorriendo te lleva donde quieres
llegar?

No desprecies ninguna de las piedras con las que has
tropezado a lo largo de tu vida,
ellas te han ayudado a ser una persona más sabia y fuerte.

Todo lo que pasa en el exterior,
primero pasa en tu interior.

Nuestra mente atrae lo que nos sucede. Piensa y vive en positivo.

A veces nos empeñamos en cambiar la vida o que sea como
nosotros queremos, y la vida tiene su propia vida.
De tu actitud dependerá que la vivas de la forma más
cercana a como a ti te gustaría.

Quien sufre pensando que alguien quiere hacerte daño,
sufre por un daño que ni siquiera te han hecho.

*La imaginación nos juega malas pasadas, en ocasiones sufrimos por
cosas que no han pasado y probablemente no pasen nunca.
Nos adelantamos a acontecimientos no previstos en nuestra vida.
La clave está en dejar que la vida haga su trabajo.*

Para saber el valor de una moneda,
hay que conocer sus dos caras.

*La vida tiene las dos caras de una moneda, no hay luz sin sombra,
ni vida sin muerte, ni verdad sin mentira.*

Lo importante de superar una situación traumática,
es que después de ello, ves la vida más positiva,
confías en ti y sabes que puedes.

Rompe con las creencias que limitan tus posibilidades.

La vida es como una rosa, tiene una zona suave
y otra espinosa, pero siempre es bella.

*Quédate con el conjunto, no con sus partes.
La vida es bella, disfrútala.*

No juzgues por los comportamientos o las actitudes,
valora a cada persona por como es, no por cómo se
comporta.

La persona que no sabe reconocer sus errores,
tampoco sabrá aprender de ellos.

Reconoce, pide perdón y aprende de tus errores, ocurren por algo.

Vive la vida con sus cuatro estaciones y no te aferres a
ninguna de ellas, todo lo que nos rodea es una constante
evolución y no puedes quedarte aferrado/a a uno de sus
procesos.
Las personas somos iguales, cambiamos constantemente
y debes aprender a dejar ir.

El autoengaño es una de nuestras asignaturas pendientes, y
en el fondo lo sabemos pero no queremos verlo. Afronta la
realidad, afronta tu vida con tus aciertos y errores.

Nos dejamos llevar por la mente cuando realmente nuestra
intuición o corazón nos dicen lo contrario.
Déjate llevar por el corazón, él nunca te fallará.

No esperes que nadie haga el trabajo por ti.
Nunca podrás recoger una cosecha que no has sembrado,
esta vida te devuelve lo que haces por ella.

La vida es un gran muelle con su efecto rebote, a veces te
hace vivir lo que has provocado a otras personas.

Disfruta y vive el presente, el mañana no existe,
cuando abres los ojos cada mañana, vuelve a ser hoy.

Dejarse llevar por el temporal no significa rendirse ante él,
si no utilizar su fuerza para llegar a nuestro destino.

Prefiero ser un buen ejemplo a un buen maestro.

*El ejemplo enseña, con el ejemplo se aprende,
sé el mejor ejemplo y serás el mejor maestro.*

Al final del camino de tu vida te das cuenta del significado
de tus decisiones a lo largo de él.
No esperes al final para encontrar el verdadero
significado de tu vida.

Nuestras decisiones marcan el camino de nuestras vidas, no
pases toda tu vida pensando que vas por el camino
equivocado.

Cada amanecer trae consigo una nueva opción para ser feliz,
cumplir tus objetivos y llegar a tus metas.
Vive tus sueños, lucha por lo que quieres
y sigue la luz de tu nuevo día, tu nueva oportunidad.

*Cada mañana cuando abres los ojos, nace una nueva
oportunidad en tu vida, no la malgastes.*

La lucha interna entre tu mente y corazón, siempre tiene un
ganador, aunque a veces no sepamos distinguir quién es.

No seas la victima de tus propios pensamientos.
Matan constantemente nuestra realidad.
La traición de nuestros pensamientos, es la peor de las
muertes.

Pensamos mucho más de lo necesario, y el mayor problema
no es la cantidad de nuestros pensamientos sino la calidad
de ellos.

La realidad puede tener muchos puntos de vista, desde tu
perspectiva y desde la de los demás.
La decisión de cómo quieres vivirla es tan solo tuya.
Tú decides.

Ante cualquier situación de nuestra vida, tú tienes la
capacidad de ver las cosas desde la perspectiva de un
elefante o la de una hormiga. Tú eliges, de ello dependerá el
resultado obtenido.

No sólo en las carreteras el exceso de velocidad
y las distracciones provocan accidentes en tu vida.

Hoy llorar por cosas o personas que mañana te harán reír,
y hay otras por las que ríes hoy y llorarás mañana.

Recuerda que igual que la tierra da vueltas, la vida también.

¿Cuantos minutos pierdes al día esperando que ocurra algo?
Me gustaría, si pudiera, quisiera, algún día, desearía ...
Todas estas expresiones son tiempo perdido, no es una
decisión, no te comprometes. Toma decisiones actúa con
QUIERO, PUEDO Y VOY A POR ELLO.
NO PIERDAS MÁS TIEMPO, NUNCA VUELVE.

Puedes dudar de tu mente, pero nunca de tu corazón.

Se le llama intuición o presentimiento, lo puedes llamar como quieras, pero lo que está claro que tu corazón nunca te traiciona.

No esperes a que todo esté bien para encontrar la paz, Encuentra la paz y todo estará bien.

A veces el orden de los factores sí que altera el resultado.

No podemos cambiar nada de lo pasado, pero enfocarnos en ello, no nos dejará ver el presente ni las posibilidades del futuro.

Los pensamientos son la mayor distracción de nuestros sentimientos. Verte atrapados en ellos es igual a un laberinto sin salida.

¿De qué lado estás?
¿De los que buscan posibilidades para vivir en este mundo o de los que viven en un mundo de infinitas posibilidades?

La vida nos regala a diario infinitas posibilidades para vivirla.

No hay limitaciones para tus sueños, pasiones o metas. Puedes volar tan alto como desees. Tu imaginación y deseos no tienen fronteras. Tan sólo tienes que tener presente, que tus pies están sobre la tierra y que no puedes volar con las alas de otra persona.

Hay personas que tienen tanta magia, que no necesitan recurrir a trucos.

En ocasiones creemos que tenemos que recurrir a la hipocresía para agradar a otras personas y no nos damos cuenta que con lo que realmente se agrada es con la honestidad y el respeto.

Las personas no paran de quejarse, y cuando les preguntas qué es lo que hacen con su vida para evitar esa situación que no les gusta, te responden: NADA.

Sinceramente, ¿crees que quejándose, solucionas algo?
¿de verdad lo crees?

La mala suerte no existe, son tus decisiones e indecisiones, el momento oportuno y lo que piensas en cada momento, lo que atrae los resultados de tu vida.

Qué manía de echar la culpa a la mala suerte,
ni que fuera ella la que decide por nosotros.

La vida suma más que resta.
Si no lo crees así, echa un vistazo a tu alrededor.

*No agradecemos a la vida por todo lo que tenemos y nos la pasamos
quejándonos por todo lo que no tenemos. El egoísmo y la falta de
gratitud no es nuestra mejor compañía.*

Hay muchas formas de comunicarnos,
Pero la más efectiva, es cuando lo hacemos con el corazón.

*Un idioma universal, una forma de comunicarse que rompe
esquemas, creencias y miedos. Rompe con los tuyos y haz hablar a
tu corazón.*

Tenemos la capacidad de iluminar la vida de otras personas
Y no somos capaces de hacerlo con la nuestra.

*Mirar por uno mismo no es ser egoísta, la luz que salga de ti,
iluminará todo tu alrededor.*

Cuando empezaste sabías el resultado, y aún así seguiste
adelante. esperabas un milagro,
y no observaste que la única opción de milagro, eras tú.
Quizás hayas aprendido la importancia de la intuición.

*Mira que siempre hablamos de ella y
cuando llega el momento no le hacemos ni caso.*

Aquello que seas capaz de entregar a los demás,
Será en proporción a lo que tengas en tu interior.

Jamás podrás ofrecer aquello que no hay en ti.

Puedes ocultarlo, justificarlo o decirlo de mil maneras.
pero siempre serás lo que haces.

*Por mucho que queramos disfrazarlo de alguna manera,
somos lo que hacemos y eso es lo que nos señala.*

Podrás caminar hacia delante,
Cuando te alejes de aquello que te lleva hacia atrás.

*Enfócate en tu destino, apártate de todas las personas que te
contaminan, de todos tus pensamientos negativos. Todo aquello
que te frene o te lleve hacia atrás, jamás te dejará avanzar.*

La humildad abre caminos,
la prepotencia los cierra.

*Trabaja por construir tus caminos sin permitir que nada te los
cierre. Con humildad, tendrás todos los caminos abiertos; con
prepotencia, irán apareciendo fronteras infranqueables. Tú decides.*

Quien te acompañe en la vida, será por lo que sienta,
no por lo que piense de ti.
HAZTE SENTIR.

*El sentimiento siempre gana al pensamiento,
no importa lo que piensen, sino lo que sientan por ti.*

Si crees que no puedes, mira hacia atrás y verás lo que has
recorrido y hasta dónde has sido capaz de llegar

El ser humano tiene una gran ventaja;
la capacidad de poder elegir, cómo vivir, con quién, dónde
vivir, soñar, avanzar, ser feliz y una infinita lista de cosas. Y
no somos capaces de apreciarlo. No damos valor a nuestra
posibilidad de elegir en cualquier momento y ante cualquier
decisión. Nosotros somos los que ponemos nuestras propias
limitaciones y miedos. No hay límites.
TU ELIGES..

Somos capaces de poner límites y prohibiciones donde no las
hay por miedos e inseguridades y no ser capaces de salir y
recorrer los caminos de la vida que nos esperan con nuevos
destinos. Atrévete.

Si no eres capaz en empezar haciendo pequeños cambios en tu vida para mejorar en tus relaciones, en tu salud o en ti, ¿qué pasará cuando se te presente algo realmente decisivo?

Lo único que te da la vida, es la tuya propia.
Todo lo demás te lo pone en el camino para que vayas a por ello.

La vida no hace reparto a domicilio. Todo aquello que encuentras en el camino, no es por casualidad, y aquello que quieras encontrar, sólo lo hallarás CAMINANDO.

Sueño, pasión, ilusión, esperanza, fe. Toda persona tiene un propósito de vida, algo que le empuja y motiva a avanzar en busca de un estado de bienestar y paz interior. Durante el viaje por los caminos de la vida, encontraremos infinidad de obstáculos, pretextos o escusas para no seguir adelante, personas que intentarán que desistas, y situaciones que nos quitarán toda la fuerza y empeño. La resiliencia es la capacidad de las personas para sobreponerse a períodos de dolor emocional, situaciones adversas y traumáticas; la resiliencia es la autopista hacia nuestro objetivo o meta y aunque en ocasiones no seamos capaces de verla, siempre está ahí, somos seres con un asombroso potencial de superación para continuar por los caminos de la vida. TÚ PUEDES Y LO SABES.

Puede que sea perfecto para ser tu amigo,
pero no un amigo perfecto.
Si eso es lo que buscas, jamás seremos amigos.
Si buscas en mi la perfección,
debes de saber, que cometo errores, que no siempre tomo las
mejores decisiones, que no siempre estoy al cien por cien,
que tengo que afrontar situaciones difíciles, que en ocasiones
no puedo estar donde me reclaman, que aunque no sea
negativo a veces soy menos positivo, que si buscas en mi
algo que te falta, el mejor sitio para encontrarlo está en ti,
que puedo gestionar mis emociones pero a veces me
superan, que me puedes ver perfecto para tu amistad pero
no te puedo dar una amistad perfecta.
Soy tal cual y eso es lo único que te puedo dar.

Hagas lo que hagas, algunas personas nunca te aceptarán o
amarán. Hagas lo que hagas, otras nunca dejarán de hacerlo.
Un aplauso por esas personas que siempre están a tu lado
por lo que eres y no por lo que hagas.
Gracias por seguir el camino del amor y la aceptación.

PARA PENSAR

UNA CARTA DE UN PADRE A UN HIJO.
"Era una mañana como cualquier otra. Yo, como siempre, me encontraba de mal humor. Te regañé porque te estabas tardando demasiado en desayunar, te grité porque no parabas de jugar con los cubiertos y te reprendí porque masticabas con la boca abierta."

"Comenzaste a hablar entre dientes y entonces derramaste la leche sobre tu ropa. Furioso te levanté por el cabello y te empujé violentamente para que fueras a cambiarte de inmediato."

"Camino a la escuela no hablaste. Sentado en el asiento del auto llevabas la mirada perdida. Te despediste de mi tímidamente y yo sólo te advertí que no te portaras mal."

"Por la tarde, cuando regresé a casa después de un día de mucho trabajo, te encontré jugando en el jardín. Llevabas puestos tus pantalones nuevos y estabas sucio y mojado. Frente a tus amiguitos te dije que debías cuidar la ropa y los zapatos; que parecía no interesarte mucho el sacrificio de tus padres para vestirte. Te hice entrar a la casa para que te cambiaras de ropa y mientras marchabas delante de mi te indiqué que caminaras erguido."

"Más tarde continuaste haciendo ruido y corriendo por toda la casa. A la hora de cenar arrojé la servilleta sobre la mesa y me puse de pie furioso porque no parabas de jugar. Con un golpe sobre la mesa grité que no soportaba más ese escándalo y subí a mi cuarto."

"Al poco rato mi ira comenzó a apagarse. Me di cuenta de que había exagerado mi postura y tuve el deseo de bajar para darte una caricia, pero no pude. ¿Cómo podía un padre, después de hacer tal escena de indignación, mostrarse sumiso y arrepentido?"

"Luego escuché unos golpecitos en la puerta. "Adelante" dije, adivinando que eras tú. Abriste muy despacio y te detuviste indeciso en el umbral de la habitación."

"Te miré con seriedad y pregunté: ¿Te vas a dormir?… ¿Vienes a despedirte? No contestaste. Caminaste lentamente con tus pequeños pasitos y sin que me lo esperara, aceleraste tu andar para echarte en mis brazos cariñosamente."

"Te abracé y con un nudo en la garganta percibí la ligereza de tu delgado cuerpo. Tus manitas rodearon fuertemente mi cuello y me diste un beso suavemente en la mejilla. Sentí que mi alma se quebrantaba. "Hasta mañana papito, te amo" me dijiste."

"¿Qué es lo que estaba haciendo? ¿Por qué me desesperaba tan fácilmente? Me había acostumbrado a tratarte como a una persona adulta, a exigirte como si fueras igual a mí y ciertamente no eras igual. Tu tenias unas cualidades de las que yo carecía: eras legítimo, puro, bueno y sobretodo, sabías demostrar amor."

"¿Por qué me costaba tanto trabajo? ¿Por qué tenía el hábito de estar siempre enojado? ¿Qué es lo que me estaba aburriendo? Yo también fui niño. ¿Cuándo fue que comencé a contaminarme? Después de un rato entré a tu habitación y encendí con cuidado una lámpara. Dormías profundamente. Tu hermoso rostro estaba ruborizado, tu boca entreabierta, tu frente húmeda, tu aspecto indefenso como el de un bebé."

"Me incliné para rozar con mis labios tu mejilla, respiré tu aroma limpio y dulce. No pude contener el sollozo y cerré los ojos. Una de mis lágrimas cayó en tu piel. No te inmutaste."

"Me puse de rodillas y te pedí perdón en silencio. Te cubrí cuidadosamente con las cobijas y salí de la habitación. Algún día sabrás que los padres no somos perfectos, pero sobre todo, ojalá te des cuenta de que, pese a todos mis errores, te amo más que a mi vida."

Anónimo

Esta carta pone en manifiesto el trato de los padres a los hijos, la falta de atención hacia ellos y el egoísmo continuo al que son sometidos.

ENAMÓRATE DE UN HOMBRE DE VERDAD.

Querida:

Quiero pedirte, que te enamores de un hombre de verdad; no uno que sea el mejor bailarín, sino el que aunque baile mal, baile para hacerte feliz.

Quiero que te enamores no de una cara bonita o un cuerpo bien cultivado, sino de aquel que haya cultivado su carácter, dominado sus vicios y doblegado sus defectos.

Enamórate de un hombre, para el cual tú seas la única mujer en este mundo; y, que sea capaz de construirte un castillo, aunque solo tenga un lápiz y papel, pero te entregue su mayor tesoro: fidelidad, nunca te conformes con menos.

No puedo pedirte que te enamores de un hombre que lo haga todo; sin embargo, te pido que te enamores de un hombre que esté dispuesto a hacerlo todo por ti.

Quiero que te enamores de un hombre con la suficiente hombría para cocinar por las noches, o cuándo estés cansada. Un hombre que pueda coser un botón de tu blusa favorita, para que puedas llegar a tiempo a esa reunión; y, por qué no, que te diga al oído que: todo estará bien.

Enamórate de un hombre que valore su pareja, a la familia y los amigos. Pues en la vida, necesitará de todos ellos. Y, si tiene defectos, que sea un ladrón que te robe solo algunos besos; pues, ya te habrá robado el corazón con sus detalles y cariño.

Quiero que te enamores de aquel que acaricie tu rostro y juegue con tu pelo, así sabrás que su mente está solo contigo. Cualquiera puede decir un "te quiero"; pero, el amor se demuestra cada día, y en los pequeños detalles que dicen hechos : "te amo"...

Quiero que te enamores de un hombre que procure llenarte

de alegría; y que te haga sonreír, aún en tus días más difíciles. Enamórate de aquel hombre, que no se aproveché de ti, ni aún en tus momentos de vulnerabilidad. Un verdadero hombre te respetará, incluso, cuando tú no quieras.

Enamórate de un hombre que no haga alarde de los bienes que tiene; sino, que sepa apreciar y valorar todo aquello que ha vivido, las personas con las cuáles ha compartido y las experiencias que en la vida ha acumulado.

Quiero que te enamores de un hombre que esté dispuesto a llevarte la contraria; y, que tenga un punto de vista distinto al tuyo. Así, en la salud, la distancia o la enfermedad, sabrás que siempre podrás contar con alguien que estará a tu lado: a pesar, de cualquier diferencia.

Enamórate de un hombre que te tenga presente a cada momento del día; y, que te llene la vida de detalles. Un hombre, que jamás te oculte lo que siente; y te diga, lo que necesitas saber. Quiero que te enamores de alguien que sepa escucharte, aún en el sórdido silencio del olvido.

Enamórate de un hombre que sea libre, que sea tuyo; que te ame, y que se deje amar por ti. Enamórate de alguien que, aunque no sea yo, te haga feliz.

Al final, si aún no has comprendido, eres tan digna de este amor tan tuyo y tan mío, que aquél de quién te enamores sabrá, que: sólo un hombre de verdad, es digno de ti.

No te conformes con menos... Nunca bajes el listón de lo alto.

Te lo dice: "UN HOMBRE ENAMORADO DE TI"
"TE AMO: TU PADRE

Anónimo.

SESIÓN DE PAREJAS.
Después de tantos años de matrimonio, ahora una vez
separados,
¿qué le reprochas a tu pareja?
_ Nada
¿Cómo que nada?
_ Nada
Te hizo llorar, sufrir, te humilló, no te comprendió, te
abandonó y ¿no le reprochas nada?
_ Y entre otras cosas más, también me amó.
Pero ahora ya no te ama.
_ Yo le agradezco por todo lo vivido. Lo bueno me hizo feliz
y todo lo demás me enseñó.
Por todo ello yo le amo y donde hay amor no hay reproches.

Puedes tomarte una separación de muchas maneras, pero si
no quieres sufrir más de la cuenta, sólo hay una y es
poniéndole mucho amor.

QUÉ PASARÁ...
Cuando tu físico ya no sea el mismo, llegue la flacidez, en tu cabello habite en un invierno permanente, cuando tu cuerpo y mente no reaccionen de inmediato, cuando veas que queda poca arena en tu reloj. Todo pasa, todo se acaba.
Cuida y ama a tu pareja, a tu familia, tus principios y valores. Cuando tu dinero y bienes se esfumen y tu belleza exterior desaparezca, sólo te quedará tu hogar, la belleza interior y el amor que entregues. NO TE DEJES IMPRESIONAR por aquello que caduca y cuida todo lo perenne que vive en ti y valora el amor que recibas.
TERAPIA.

Durante una sesión de terapia de parejas, se le preguntó a la
mujer:
-Te hace feliz tu esposo? ¿Verdaderamente te hace feliz?
En ese momento el esposo levantó ligeramente el cuello en
señal de seguridad, sabía que su esposa diría que sí, pues
ella jamás se había quejado durante su matrimonio.
Sin embargo la esposa respondió con un rotundo
- 'No... no me hace feliz'
Y ante el asombro del esposo... continuó:
-No me hace feliz... ¡Yo soy feliz!
El que yo sea feliz o no, eso no depende de él, sino de mí.
Yo soy la única persona, de quien depende, mi felicidad.
Yo determino ser feliz en cada situación y en cada momento
de mi vida, pues si mi felicidad dependiera de alguna
persona, cosa... o circunstancia sobre la faz de esta tierra,
yo estaría en serios problemas.
Todo lo que existe en esta vida, cambia continuamente. El
ser humano, las riquezas, mi cuerpo, el clima, los placeres,
etc. Y así podría decir una lista interminable.
A través de toda mi vida, he aprendido algo;
decido ser feliz y lo demás lo llamo 'experiencias':
amar,
perdonar,
ayudar,
comprender,
aceptar,
escuchar,
consolar.
Hay gente que dice:
- No puedo ser feliz... porque estoy enferma, porque no
tengo dinero, porque hace mucho calor, porque alguien me

insultó, porque alguien ha dejado de amarme, porque
alguien no me valoró...
Pero lo que no sabes es que PUEDES SER FELIZ
aunque... estés enfermo,
aunque...haga calor,
aunque...no tengas dinero,
aunque...alguien te haya insultado,
aunque...alguien no te amó ,
o no te haya valorado .
La vida es como andar en bicicleta... te caes, sólo si dejas de
pedalear.
Empieza tu día con una sonrisa y no permitas que nada ni
nadie la borre de tu rostro.
SER FELIZ ES UNA ACTITUD!

Anónimo.

EL VERDADERO AMOR.

Un hombre de cierta edad vino a la clínica donde trabajo para hacerse curar una herida en la mano. Tenía bastante prisa, y mientras se curaba le pregunté qué era eso tan urgente que tenía que hacer. Me dijo que tenía que ir a una residencia de ancianos para desayunar con su mujer, que vivía allí. Me contó que llevaba algún tiempo en ese lugar y que tenía un Alzheimer muy avanzado. Mientras acababa de vendar la herida, le pregunté si ella se alarmaría en caso de que él llegara tarde esa mañana.

No, me dijo. Ella ya no sabe quién soy. Hace casi cinco años que no me reconoce. Entonces le pregunté extrañado: y si ya no sabe quién es usted, ¿por qué esa necesidad de estar con ella todas las mañanas? Me sonrió y dándome una palmadita en la mano me dijo: "Ella no sabe quién soy yo, pero yo todavía sé muy bien quién es ella..." Tuve que contenerme las lágrimas mientras salía y pensé: El verdadero amor no se reduce a lo físico, ni a lo romántico. El verdadero amor es la aceptación de todo lo que el otro es, de lo que ha sido, de lo que será y de lo que ya no es.

NO LO INYECTES...

No lo fuerces, no lo busques desesperadamente, no es una
enfermedad, no lo necesitas, no desesperes...
El amor nace y llega cuando tenga que llegar.
Creemos que no podemos vivir sin una pareja, que
necesitamos tener a alguien a nuestro lado para amarle, no
nos gusta la soledad; y por ello buscamos y buscamos
alguien a quien amar de una u otra manera, pero realmente
¿eso es amor?¿eso es conectar con la otra persona?
La mayoría de la veces, lo único que hacemos es sustituir o
rellenar un hueco, y eso no es amor, por lo que nunca
funcionará y repetiremos patrones y buscaremos alguien
semejante y nos ocurrirá lo mismo de siempre; sí, eso de lo
que siempre nos lamentamos.
¿Estás preparado o preparada para recibir a otra persona y
amarla?
Quizás no sea el momento, quizás no tienes todo lo que
quieres dar o recibir.
No adelantes ni fuerces una llegada a tu vida.
Prepárate, libérate, acéptate, ámate y deja que el amor fluya
y la conexión con la otra persona hagan su trabajo.

LA DIFERENCIA

Entre hacer el amor y tener sexo está en que cuando a esa
persona que está compartiendo contigo un momento
maravilloso le haces el amor, ya sea en una relación
duradera, esporádica, única, pasional, amorosa o
espontánea, le estás entregando respeto, gratitud, pasión,
deseo, aceptación y mucho amor, cuando conectas con esa
persona en cuerpo y alma hay mucho más que sexo, una
energía te conectará a ella y esa persona jamás te olvidará,
porque ante todo le hiciste el amor a través de la sexualidad.
Cambia tener una relación sexual por hacerle el amor a una
persona, aunque no tengas una relación estable e incluso
aunque no vuelvas a verla, y entonces verás donde está la
diferencia.

RELFEXIONES
DE
MADRUGADA

HOY HACE UN AÑO...

Hoy hace un año de muchas cosas, unas que apenas les prestas atención y otras que te marcan para toda tu vida. Hoy es el cumpleaños de la mujer que me ha acompañado durante 22 años, una mujer con un gran corazón, que amó y sigue amando a mi madre y que se marchó un día como hoy hace un año. No estoy triste porque mi madre se marchara, todo lo contrario, estoy feliz porque la muerte no permitió que mi madre sufriera en vida. Hace un año en el tanatorio recibí un paquete con mi primer libro "El Valor de los Valores. Una experiencia de vida". Quizás el mejor sitio donde pudo llevarme el transportista ese regalo que pude hacerle a mi madre, para que pudiera llevarse un ejemplar con ella. Tres días después lo presentaba en su pueblo llamado Carcabuey en Córdoba. Hoy hace ya un año, y soy feliz, tengo a una princesita de cinco añitos que por las noches manda un beso a su abuela que está en la estrella que más brilla en el cielo, acabo de terminar mi segundo libro, voy a celebrar el cumpleaños con mi gran amiga, compañera y no sé cuantas cosas más, que aún sigue compartiendo su vida conmigo aunque ya no seamos pareja desde hace dos años. Soy feliz porque amo lo que hago y porque desde hace un año no he parado de aprender y ayudar a otras personas. Y yo me pregunto, ¿se necesita más? Tengo lo que me hace feliz y aunque a mi lado haya un vacío a simple vista, no es tal, porque ese vacío está lleno de todo el amor que me sobra.

LA VIDA PASA Y NO SE DESPIDE.

En muchos casos, ni te da la oportunidad de hacerlo tú.

Tu oportunidad es ahora, es tu momento de hacer aquello que desees, de agradecer y perdonar, de compartir y de pedir.

Sí, he dicho bien, PEDIR.

Si algo quieres y no está en tus manos, pídelo. Ante una negativa, nada tenías nada tienes y como decía mi abuela, quien no llora no mama.

A la hora de pedir, estás dando a otra persona la oportunidad de poder dar y eso es un acto maravilloso que se traduce en gratitud por parte de quien da y quien recibe.

No tengas miedo al principio de un final incierto.

Disfruta del momento, vive el ahora y FELIZ VIDA.

LA ENTREGA

Aunque tu alma entregue sin esperar recibir, nunca está de más tener una compensación.

Somos humanos y a veces nos cansamos sólo de dar.

En otras ocasiones recibimos y no lo apreciamos porque no es lo que esperamos.

Seguiré sembrando sin esperar recibir, la paciencia y la vida harán el resto.

Gracias por permitirme dar y por todo lo que me permites recibir.

Siento que TE SIENTO.

A veces caminamos juntos y otras por separado, me enfado contigo porque no te comprendo, me seduces, me alagas, me confundes, me provocas y me atraes, y es que te tengo tan cerca que no puedo vivir sin ti.

No es fácil el camino pero no hay nada ni nadie en este mundo que pueda separarnos.

Te amo y en ocasiones me da la sensación de que te odio, me das alegrías y luego te atraviesas y me entristeces.

En un mundo hecho de dualidades, tú eres mi espejo y no dejo de mirarme en ti y eso me hace dudar aunque como contraprestación me enseñas el otro lado y me hace más sabio.

Un día quiero vivir a tu lado y otro sin ti, el universo te puso en mi camino y eso quiere decir algo, CAMINEMOS JUNTOS, AMÉMOSNOS, ACEPTÉMOSNOS, es nuestro destino.

Tengo tanto amor para darte que no puedo resistir que a veces me ignores y no quieras estar a mi lado, jamás he dejado de amarte y nadie te amará y respetará como lo hago yo, es mi parte sensible, humilde y amorosa.

ERES MI OTRO YO y sólo pido tu comprensión, pues a cambio tienes todo mi amor.

Mi querida RAZON, te habla tu amigo el CORAZÓN

ME COMPROMETO

El compromiso requiere trabajo.

Un objetivo, una meta, un proyecto, una ilusión o una pasión, llámalo como quieras porque nunca lo conseguirás si no hay compromiso.

Todo compromiso requiere trabajo y ello conlleva esfuerzo, perseverancia, constancia, paciencia y mucho amor.

Con ello podrás conseguir la pareja de tu vida, el trabajo que deseas, el viaje soñado, levantar tu autoestima, emponderarte o convertirte esa persona que siempre has querido ser, en pocas palabras, tener ÉXITO en tu vida.

Un regalo siempre es bienvenido y digno de agradecer, pero aquello que consigas con tu propio esfuerzo será digno de valorar.

DISEÑA Y CREA LA VIDA DE TUS SUEÑOS.

Yo ya estoy en ello, ¿Y tú?

A QUIÉN

El corazón te dirá que lo hagas y tu mente te pondrá mil impedimentos, excusas, razones o miedos para que no. Hará lo posible para engañarte, confundirte y se hará pasar por el corazón.

Quién manda en tus sentimientos, e intuición; tu mente o tu corazón. Si quieres sentirte bien, ¿a quién le harás caso la próxima vez?¿Recuerdas a quién le hiciste caso la vez anterior y cómo te sentiste después? Tus respuestas no están ni en tus manos ni en tu mente, están en tu corazón.

TE DAS CUENTA.

A diario, cuando reflexiono sobre mi vida y mis decisiones, me doy cuenta de lo equivocado que he estado tantas veces, de los errores cometidos y de lo que todo ello me ha enseñado. Buscar el lado positivo a los fracasos es un triunfo, y me doy cuenta de todos mis triunfos, por lo que no fueron fracasos.

Y aún hay más, todas las personas que nos acompañan por los caminos de la vida, son nuestros espejos y por ello debemos dar las gracias, porque también he aprendido de todas sus decisiones, éxitos o fracasos.

Y por todo ello lo que no me gusta de los demás, trabajo para cambiarlo en mí.

Llegar a ser un persona plena y satisfecha, implica la aceptación de lo que has sido, de lo que eres, de lo que pudieras ser y de lo que nunca serás.

Cuando no aceptas a los demás o a ti por lo que has sido, jamás podrás aceptar o aceptarte por lo que eres.

Hay personas que te juzgan por tu pasado y no son capaces de juzgarte por lo que has trabajado para llegar a tu presente.

Yo, con mis fracasos, éxitos, decisiones acertadas o no, he sido una persona de intuiciones y me siento orgulloso de mi triunfo.

No se trata de ir en busca de la felicidad; nunca llegarás a ella.

El camino es lo que te hace feliz,

tus decisiones, tus compañías, tus pasiones y propósitos, tus fortalezas, tu luz y tu sombra.

Todo ello son componentes básicos para conseguirlo, aunque hay algo mucho más importante, la acción.

Si no entras en acción no avanzas, y el combustible es tu estado emocional.

Medita, ten una vida sana y ecológica, siente amor por todo aquello que te rodea, acepta y agradece, ama a las personas, perdona, respeta, disfruta del presente y ámate. Todo ello te dará el equilibrio necesario para ser una persona honesta con tus emociones y no dejarte llevar por el autoengaño. Ponle acción y rumbo a tu vida y disfruta de esa felicidad.

SUELE PASAR...

Nos obsesionamos con grandes metas, deseos o caprichos, nos centramos en ello, ponemos el foco y nos cegamos de tal manera que pasamos por alto esos pequeños detalles o regalos de la vida que a diario nos obsequia, y no somos capaces de apreciar y agradecer.

Hoy doy gracias a la vida por todos esos pequeños y significativos regalos que hacen que todo sea más fácil, que te sustentan y alimentan mientras no llegan otros y que ni si quiera sabes si llegarán.

YA NO MÁS.

Hoy hace dos años, que dije " BASTA YA", que me cansé de sufrir, de luchar, de no encontrar sentido a la vida, de cometer errores conscientes e inconscientes, de considerar fracasos a todo lo que ocurría a mi alrededor.

Tal día como hoy sentí la llamada y una luz me iluminó. Un cambio radical se produjo en mi vida.

Llevo dos años viendo aprendizaje en vez de fracasos, viendo oportunidades donde antes veía limitaciones, recorriendo nuevos caminos, teniendo nuevas visiones y perspectivas, aceptando, agradeciendo, perdonando y viviendo una nueva filosofía de vida, aprendiendo y ayudando a otras personas.

Cuando crees que ya no hay salida y te quedas sin fuerzas para continuar, la resiliencia de todo ser vivo hace que emerjas de nuevo, mucho más fuerte y preparado para vivir y encontrar el camino de tu felicidad. Todo es posible, no hay nada que no puedas conseguir si decides ir a por ello.

Cuando creas que tu luz se apaga, recuerda que hay vida en la oscuridad, que la adaptación a las circunstancias y al entorno, supone volver a iluminarte.

Hoy agradezco al universo todo lo que me está enseñando; agradezco a todas las personas que están a mi alrededor, a las que me apoyan y creen en mí; agradezco a mi hijo Sergio, por abrirme los ojos cuando más cerrados los tenía; a mi hija Érika, por ser la luz que ilumina mi vida y que cuando más lo necesitaba me llamó para que permaneciera a su lado;

agradezco a Yoly la oportunidad que me brindó de ver la
vida de otro color.
A todos, gracias desde lo más profundo de mi ser.

MALAS COSTUMBRES.

Estamos demasiado mal acostumbrados, solemos esperar a recibir para empezar a dar, cuando lo que realmente debemos hacer es empezar a dar sin esperar recibir, es en ese preciso momento cuando empezaremos a recibir y nadar en la abundancia. Cuando te pongas en marcha, lo haré yo. NO, error, ponte en marcha y mundo de posibilidades te seguirá incondicionalmente.

PRIMERO LO IMAGINAS...

Luego lo piensas...

Si lo piensas, te lo crees...

Como lo crees, lo sientes...

Si lo sientes, lo vives...

Y normalmente, suele ser negativo, y lo sufrimos, lo somatizamos y nos llega a enfermar y en realidad nada de todo eso está pasando, es fruto de tu imaginación.

No debemos ser tan fieles a los pensamientos, son una realidad virtual generada en nuestra mente que desvirtúa y traiciona nuestra verdadera realidad.

Cuando estás viendo una película y estás inmerso-a en ella, esa ventana del televisor te está proyectando una realidad virtual, si das al PAUSE y te asomas a la ventana de tu vida, verás que nada de eso está ocurriendo en realidad. Cuando tengas pensamientos dudosos, párate y dale por unos segundos al PAUSE, encontrarás rápidamente las respuestas a los pensamientos de tu inagotable y creativa mente.

EL DESTINO

Tu destino no viene de la mano de la buena o mala suerte, ni del azar, ni de las personas que nos acompañan, el destino viene en brazos de tus decisiones. Frases o expresiones como: "por culpa de", "por tu culpa", "la vida no me ayuda y es cruel conmigo", "qué he hecho yo para merecer esto", etc, etc, etc...

Todos sabemos lo que hacemos, todos somos conscientes la mayoría de las veces de los resultados que vamos a tener y cuando no son los deseados, culpabilizamos al universo, a las estrellas y a todo ser viviente que se nos ponga delante. No somos capaces de responsabilizarnos de nuestras propias decisiones.

Si culpamos a los demás por nuestros fracasos, nunca podremos adjudicarnos los triunfos.

La vida te regala oportunidades, de ti depende de cómo las utilices, la vida no es injusta, quizás lo sean tus decisiones.

TÚ Y SOLO TÚ ERES RESPONSABLE DE TUS DECISIONES, Y DE LA VIDA QUE VIVES.

LA INTUICIÓN

Nuestros pensamientos son el trailer o avance de nuestra vida, si no te gusta lo que ves o dudas, tienes la opción de cambiar de sala y vivir otra película que te guste más, no te quedes atad@ a la butaca porque hayas pagado, el precio puede ser mucho más alto de lo que esperabas. Sigue el camino de la intuición, el te llevará hacia un mejor final de un nuevo principio.

YO TE ACEPTO.

Llega un momento en el que te cansas, no puedo estar constantemente midiendo milimétricamente mis palabras, actos, decisiones o pensamientos.

¿Tienes claro, que nadie es perfecto? Yo tampoco, y por eso no podemos medirlo todo, existe un margen de error o una posible diferencia, la aceptación es unos de los valores de los que hablo en mi libro, ponla en práctica. Sé un poco más asertivo o asertiva con las personas y deja de medir constantemente lo que hacen los demás. No voy a convertir en una obsesión la búsqueda de la perfección en todo lo que hago o digo, simplemente porque me voy a permitir el lujo de poder equivocarme, expresarme o de pensar de forma diferente, ese soy yo y seguiré siéndolo aunque no te guste o no me aceptes. Aprenderé de ello y doy las gracias.

UNA OPORTUNIDAD.

Hay muchísimas probabilidades de que no lo consigas pero eso no importa, eso no debe preocuparte, lo que realmente importa es que pongas todo el amor, interés, fuerza e ilusión, que utilices el 100% de ti y que al final sepas que has luchado y sido feliz durante todo el camino en el que tienes el total convencimiento de que merece la pena luchar, aunque sea por una única oportunidad.

EL COMBUSTIBLE DE LA VIDA.

Reflexiones de madrugada.

Juzgamos por lo que vemos, sin observar lo que no vemos, juzgamos por lo que creemos que son y no por lo que realmente son, vemos nuestra película imaginaria sin conocer el guión real. Nos dejamos llevar por los pensamientos y olvidamos los sentimientos. La mente no tiene corazón y todo es tan sencillo como dejarnos llevar por la mente del corazón, es el camino más directo y fiable, es simplemente dejarse sentir y ponerse la mano en el corazón y escucharlo, es refinar la sangre y convertirla en puro amor en cada palpitación, y aún así, a veces me resisto a creer en ello y en otras ocasiones no veo más allá y no me da más que pensar que la vida se mueve con varios tipos de combustible, y los más usados son el de la hipocresía y el del amor.

¿Tú cuál usas?

TAN SOLO QUIZÁS.

Quizás no seas responsable de la vida que vives, pero sí de cómo la vives, quizás no seas responsable del cuerpo que tienes, pero sí de cómo lo cuidas, quizás no seas responsable de la cara que tienes, pero sí de la que pones.

De lo que sí eres totalmente responsable es de tus decisiones y ante todo de la actitud que tomas en tu vida ante todo lo que te rodea y ante ti. Nadie es responsable de la forma de vivir tu vida.

TÚ DECIDES TU ACTITUD.

EL MATRIMONIO es como una gran empresa o negocio, si luchas obtendrás beneficios y si no lo haces serán perdidas lo que obtengas, si no eres productivo, creativo e innovador y no apuestas por lo que haces, no tendrás un buen producto, nadie se interesará por él y entrarás en quiebra, si no eres fiel y respetuoso con tus empleados o socios, ellos te pueden robar o dejarán de creer en la empresa y lo puedes perder todo, aunque hay una gran diferencia, el negocio mueve dinero y el matrimonio amor.

Haz el negocio del siglo, ama y respeta a tu pareja, los beneficios serán incalculables.

SOMOS SERES ÚNICOS E IRREPETIBLES.

No hay nadie igual que tú y por ello tienes todas las posibilidades de ser como quieras, no necesitas copiar a nadie y mucho menos dejarte influenciar por otras personas. Eres libre de decidir y tienes en tu interior un gran ser, déjate llevar por tu corazón e intuición y serás libre, si sigues a tu mente, a los consejos que te dan o simplemente te dejas llevar por lo que hacen los demás, serás una copia y nunca lo auténtico de tu ser. Hoy es el mejor día para ser tú y empezar a ser esa persona que todos desean copiar, porque puedes y te lo mereces.

ME RINDO.

Ya no aguanto más, ya no tengo fuerzas de seguir luchando por un imposible, ya no tengo ilusión, no creo en la esperanza, quizás fuera mi pasión o amor.

Llega un momento en la vida en el que decides tirar la toalla, y te paras de golpe, y tomas una firme decisión, no merece la pena sufrir más y no voy a continuar, ha llegado el momento de desistir.

YAAAA, HASTA AQUÍ.

¿Y AHORA QUÉ?

Toda una vida de lamentaciones, pensando; qué habría pasado si no me hubiese rendido, porqué no seguí adelante; era lo que más quería en ese momento y no fui lo suficiente fuerte como para seguir adelante con mi propósito.

JAMÁS TE RINDAS.

Hazle caso a tu intuición, siente tu corazón y si algo quieres en esta vida, lucha por ello, da todo lo que esté en tus manos, saca las fuerzas de lo más profundo de tu ser.

Eso sí, nunca busques algo para ti que dependa de otra persona, porque puede que jamás lo consigas.

HAZLO PARA TI.

No necesitas hacer nada para nadie, lo importante es tener tu conciencia en paz, la de los demás no vive en ti. Nos preocupamos por lo que hacen o no hacen otras personas, si tú no lo haces yo tampoco, si los demás no lo hacen no es asunto tuyo, da ejemplo y haz lo que tengas que hacer sin esperar ni compararte con nadie.

Solemos vivir para satisfacer a los demás y nos olvidamos de hacerlo con nosotros mismos y luego reclamamos por qué no hacen lo mismo con nosotros, así nos sentimos defraudados y desilusionados, toma tú la iniciativa y no esperes nada ni a nadie

BUSCANDO LA FELICIDAD.

Hay personas que caminan infelices en busca de la felicidad, y yo prefiero caminar feliz en busca de un destino, porque la felicidad no es el destino sino el camino.

Es poco lo que tengo, pero el valor que le doy me hace grande. Es más hermoso disfrutar de la belleza de una pequeña flor que poseer una gran extensión de tierra seca. En ocasiones debemos hacer un alto en el camino y sentir lo que tenemos, ser conscientes de lo que podemos perder si no damos el valor que merece todo aquello que la vida nos pone en el camino. Vamos siempre buscando algo mejor y nos cegamos de tal manera que no somos capaces de ver que lo mejor en la mayoría de las ocasiones, es lo que tenemos. Camina feliz en busca de tu destino disfrutando todo lo que posees en este momento, porque si caminas ciego en busca de lo que no tienes, perderás el momento de ser feliz con lo que tienes.

De mi hijo SERGIO

A veces las cosas más bonitas que pasan o que te da la vida carecen de sentido, nunca pierdas tu tiempo buscando explicaciones de algo que quizás ni las tenga, porque mientras lo haces, dejarás de disfrutar ese momento y cuando menos lo esperes esa oportunidad habrá pasado por delante de tus ojos y ni te habrás dado cuenta. Disfruta más de las cosas buenas y dedícale el tiempo que se merecen, y piensa que si tienes la oportunidad ahora es porque es tu momento y también te lo mereces. No lo arruines buscando un por qué, porque los momentos buenos se desvanecen. APROVECHA LA VIDA. SIN LOCURA, NO HAY FELICIDAD!!!!

LA DESPEDIDA.

Con mis reflexiones de madrugada, y precisamente eso, a lo largo de una madrugada, he terminado este libro que espero sea de utilidad para aquellas personas que quieran un cambio en su vida. tomar consciencia de que se puede cambiar y que la vida te regala todas las oportunidades que mereces.
Gracias.

Mi primera conferencia se tituló "Un cambio en mi vida", espero que este libro produzca un cambio en la tuya.

9 788849 848325 9